PUISSANCE
DU
ROSAIRE

Rév. Albert J.M. Shamon, ptre

Puissance
du
Rosaire

SCIENCES ET *CULTURE*

Ce livre a été originellement publié sous le titre

THE POWER OF THE ROSARY
© 1990 The Riehle Foundation
Milford, Ohio 45150, É.-U.

Conception de la couverture : Zapp

Tous droits réservés pour l'édition française
© 1996, *Éditions Sciences et Culture Inc.*

Dépôt légal : 2e trimestre 1996
Bibliothèque nationale du Québec
Bibliothèque nationale du Canada
Bibliothèque nationale de France

ISBN 2-89092-201-4

Éditions Sciences et Culture
5090 de Bellechasse, Montréal
(Québec) Canada H1T 2A2
(514) 253-0403   Fax: (514) 256-5078

IMPRIMÉ AU CANADA

À propos de l'auteur

Le Révérend Albert J. M. Shamon a été ordonné prêtre dans le diocèse de Rochester (NY) en 1940. Il a exercé son ministère comme curé, professeur, journaliste et animateur radiophonique. Il a récemment célébré son 50e anniversaire de sacerdoce et a concélébré la messe avec Jean-Paul II à la chapelle privée du Pape, à Rome. Actuellement, le Père Shamon est administrateur de la paroisse St-Isaac-Jogues à Fleming (NY).

SOMMAIRE

CHAPITRE 1

Le Rosaire
et Michel-Ange

Si jamais vous allez à Rome, un des lieux à visiter est la chapelle Sixtine. Il n'y a pas très longtemps, un groupe d'artistes japonais ont enlevé la poussière et la saleté de plusieurs siècles qui voilaient les grandes fresques de Michel-Ange. Depuis cette restauration, on peut vraiment apprécier le génie de Michel-Ange (Michelangelo Buonarroti).

Sur le mur, juste au-dessus de l'autel principal de la chapelle, Michel-Ange avait peint le *Jugement dernier*. Il termina cette peinture vers 1541, alors que se déroulaient les préparatifs pour l'un des plus grands conciles de l'Église: le Concile de Trente en 1545.

Ce concile devait lancer la Contre-Réforme. En 1517, comme vous le savez, Martin Luther s'était révolté contre l'Église en niant certaines doctrines. Dans les années 1530, cette révolte avait atteint son paroxysme et les plans pour un concile général étaient en marche.

Michel-Ange était un ardent fils de l'Église. Il a peint le *Jugement dernier* afin de préparer les Pères de l'Église au concile. La peinture, en effet, disait aux évêques et aux cardinaux du concile qu'il fallait prendre très au sérieux ce qu'ils allaient faire parce que Dieu scruterait leurs moindres faits et paroles.

Dans sa peinture, Michel-Ange a incorporé toutes les doctrines contestées par les Réformistes protestants.

Les Réformistes s'opposaient à toute vénération et dévotion à Marie, la Mère de Dieu. Alors, l'artiste donna à Marie la place d'honneur dans sa peinture, c'est-à-dire à la droite de son Fils. Ensuite, juste au-dessous d'elle, il a peint un énorme chapelet suspendu aux remparts du Ciel et auquel deux âmes sont accrochées pour monter vers le Ciel. Ainsi, le grand génie voulait refléter sa propre dévotion et celle de l'Église de la Renaissance envers Marie et son Rosaire*.

---

* En anglais, le mot *Rosary* (rosaire) désigne à la fois l'objet que l'on nomme "chapelet" et la dévotion, qui comprend la méditation des 15 mystères du Rosaire (3 chapelets).

Trente ans plus tard (1571), les Turcs, sous Sélim le Sot, ont envahi l'Europe. Sélim était le fils de Soliman le Magnifique, un des plus grands sultans de l'Empire Ottoman. Soliman avait bâti une armée et une marine puissantes, les plus importantes que l'Empire ait connues. Il était un homme sage (Soliman signifie Salomon), et il n'a jamais tenté d'envahir l'Europe. Mais son fils n'était pas aussi sage que lui. Enivré par le pouvoir dont il avait hérité en 1566, Selim décida d'envahir l'Europe.

Sur le trône de Pierre à cette époque, régnait un pape de croisade, saint Pie V, qui lança une croisade contre les Turcs. Seul un petit nombre répondit à l'appel: Don Juan d'Autriche, les Espagnols, les Vénitiens et la petite flotte papale. Ils n'étaient pas de taille contre la flotte des Turcs qui les surpassait dans une proportion de trois pour un. Saint Pie V était un dominicain et les dominicains ont une grande dévotion au Rosaire. Alors Pie V lança une Croisade du Rosaire en Europe pour aider les forces chrétiennes. Le 7 octobre 1571, sous le commandement de Don Juan et Andréa Doria, les forces chrétiennes ont affronté les Turcs sur les côtes de la Grèce, dans le golfe de Lépante, et les ont miraculeusement défaits. Don Juan a avoué que la victoire fut gagnée non par les armes mais par la prière.

En action de grâces pour cette victoire, la fête du Très Saint Rosaire fut instituée et fixée au 7 octobre.

Depuis, pour honorer ce grand pape dominicain, saint Pie V, tous les papes portent la soutane des dominicains.

Lors de la dernière apparition de Notre-Dame de Fatima, le 13 octobre 1917, Marie est apparue comme la Reine du saint Rosaire. *Dans une main, elle tenait un chapelet et, dans l'autre, un scapulaire.* Elle dit une fois à saint Dominique que le Rosaire et le scapulaire sauveraient le monde, un jour. Ce jour est aujourd'hui!

La Bienheureuse Vierge Marie
à saint Dominique: «Un jour, par le Rosaire
et le scapulaire, je sauverai le monde.»

CHAPITRE 2

Une prière réfléchie

Le 7 octobre 1983, Notre-Dame dit à Don Gobbi:

«*Fils de prédilection, dans la bataille qui vous oppose chaque jour à Satan et à ses séductions rusées et dangereuses, à sa puissante armée du mal, en plus de l'aide spéciale que vous apportent les anges du Seigneur, vous avez besoin d'employer une arme sûre et invincible. Cette arme est votre prière.*

«*[...] La prière a une force puissante et suscite dans le bien des réactions en chaîne, plus fortes même que les réactions atomiques.*»

Maintenant, écoutez ceci:

«*La prière que je préfère est le saint Rosaire. C'est pourquoi je vous invite tou-*

jours, dans mes nombreuses apparitions, à le réciter.» (no 275)

Pourquoi le saint Rosaire est-il si efficace? Il y a plusieurs raisons.

Une des premières raisons, c'est que **le Rosaire est une prière réfléchie.**

Des idées erronées nous ont conduits au marasme où nous sommes aujourd'hui. Ce sont de fausses croyances qui ont engendré la Révolution française. Voltaire (1694-1778), Rousseau (1712-1778), Diderot (1713-1784) et les encyclopédistes furent les pères de la Révolution française. Certains de ces hommes niaient l'existence de Dieu. Ou, s'ils admettaient son existence, ils prétendaient que Dieu n'avait rien à faire avec le monde: Dieu l'a monté comme une horloge et Il le laisse aller. Nous sommes, pour ainsi dire, laissés à nous-mêmes. Alors, ils ont glorifié l'homme et la raison humaine. Leur philosophie morale est appelée le déisme et ils ont désigné leur époque comme étant "l'âge des lumières".

Leurs partisans (les révolutionnaires français), en poussant leurs enseignements à leurs conclusions logiques, ont tué les prêtres et les religieuses, pillé et profané les églises, brisé les statues. Ils ont même intronisé une actrice, mademoiselle Aubryan, dans la cathédrale de Notre-Dame comme la déesse de la raison.

Ce déisme du 18e siècle a fait naître le rationalisme du 19e siècle; et ce dernier a donné naissance à l'humanisme du 20e siècle aux États-Unis et au communisme athée, en Russie. L'anarchiste russe, Kropotkine, a décrit la Révolution française comme étant «la source et l'origine de toutes les idéologies communistes, anarchistes et socialistes de l'époque actuelle». Mikhaïl Gorbatchev déclara que l'esprit de la Révolution française s'insinuait partout dans la vie soviétique (*Wall Street Journal*, 17 juillet 1987).

En un mot, les erreurs et les plaies morales de nos jours proviennent des idées fausses qui ont pris racine en France, au 18e siècle. C'est sans doute pour cette raison que les apparitions de la Vierge, au 19e siècle, ont eu lieu en France. Marie, la Mère de Dieu, est notre mère — vraiment notre mère! Ce n'est pas une pieuse rhétorique. Nous sommes ses enfants. Elle nous aime tendrement. Elle s'occupe de nous. Quand un enfant est en danger, sa mère accourt vers lui. Marie a vu le danger virtuel du déisme et de l'athéisme français pour ses enfants. Alors, elle est allée au cœur du problème : elle a encerclé la France.

Apparitions de Notre-Dame aux 19ᵉ et 20ᵉ siècles

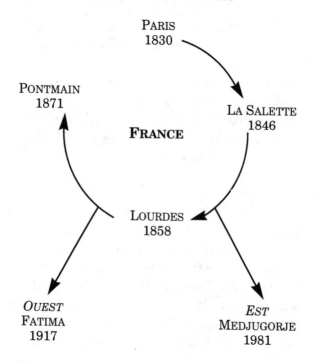

PARIS — Catherine Labouré

Tout d'abord, Marie a commencé par Paris, la capitale de la France. Le 18 juillet 1830, elle est apparue à une Sœur de la Charité, Catherine Labouré, à son couvent de la rue du Bac, à Paris. Ce même mois, la Révolution de juillet fit tomber la monarchie absolue de la France et rétablit plusieurs des principes de la Révolution française. Une fois de plus, l'Église fut attaquée avec véhémence.

Alors, en novembre de la même année, la Vierge donna à Catherine Labouré une médaille qui représentait Marie déversant des grâces sur tous. Cette médaille devint l'instrument de tant de miracles que le peuple l'appela la "Médaille miraculeuse". Marie savait qu'il fallait un miracle pour ramener la France à Dieu.

La Salette

Malgré cela, la France ne revint pas à Dieu. Notre mère Marie ne s'est pas découragée. Elle se déplaça, dans le sens des aiguilles d'une montre à partir de Paris, et apparut ensuite, le 19 septembre 1846, à Mélanie et Maximin, deux enfants de La Salette, petit village situé dans le sud-est de la France. Là, elle apparut en pleurant. Elle pleurait parce que le peuple négligeait la sainteté du dimanche et profanait le nom de son Fils. Elle pleurait, car, disait-elle, les trois quarts de la France seraient perdus pour l'Église et que l'autre quart deviendrait tiède. Comme une bonne mère qui dit à ses enfants de ne pas jouer avec le feu, Marie nous avertit qu'une terrible famine surviendrait si les gens ne retournaient pas à Dieu.

L'histoire désigne 1848 comme l'"Année malheureuse". En 1848, Karl Marx écrivit son *Manifeste communiste*; le Pape Pie IX dut s'enfuir de Rome vers Gaeta pour sauver sa vie; son secrétaire, De Rossi, a été poignardé à mort; Wellington fut rappelé de sa retraite pour réprimer les émeutes à Londres; Metternich s'enfuit de Vienne pour sauver sa vie. Puis vint la famine de patates, emportant un million de vies et forçant les Irlandais et les Allemands à émigrer en foule vers l'Amérique.

LOURDES

Les miracles de Notre-Dame et ses larmes avaient eu peu d'effet. Ainsi, elle alla ensuite au sud de la France, à Lourdes, le 11 février 1858. Là, elle révéla à une petite fille, Bernadette Soubirous, les deux choses requises pour sauver la France: la pénitence et le Rosaire. Mais une demande aussi simple ne reçut pas de réponse à l'échelle nationale. Alors, la guerre franco-prussienne commença en 1871. La puissante armée de Bismarck humilia les armées françaises. Paris fut pris et les Allemands, victorieux, filèrent rapidement vers l'ouest avec l'intention d'envahir la France jusqu'à la Manche.

PONTMAIN

Cependant, dans l'ouest de la France vivaient des paysans de Normandie et de Bretagne, renommés pour leur ardente foi catholique. Durant la crise, ils se tournèrent vers la Mère de Dieu. Le 17 janvier 1871, la Mère de Dieu apparut à quatre enfants à Pontmain, environ 290 kilomètres à l'ouest de Paris. Tous priaient le Rosaire et les enfants rapportèrent que, chaque fois qu'ils priaient le Rosaire, l'image de Marie augmentait de taille. Marie encourageait leurs prières, en disant: «Priez, mes enfants, Dieu vous exaucera bientôt. Mon Fils accepte Lui-même d'être touché.» Ils ont fait selon ce que Marie leur demandait: ils priaient le Rosaire. Et comme par magie, l'avance de l'armée allemande vers l'ouest s'est arrêtée. Et dix jours après, un armistice fut signé, le 28 janvier 1871. En reconnaissance à la Mère de Dieu pour son intervention, le peuple français construisit la basilique de Notre-Dame de Pontmain.

Lors de cette apparition à Pontmain, Marie apparut entourée de 43 étoiles. Elle donnait à la France 43 années pour se convertir et retourner à Dieu. Au lieu de cela, la France s'éloignait de plus en plus de Dieu. Les écoles furent sécularisées et on tenta même de nationaliser tous les biens de l'Église. Celui qui ne prête pas attention au gouvernail doit prêter attention aux rochers. Quarante-trois ans après 1871, soit en 1914, commençait la Première Guerre mondiale.

Durant la troisième année de cette terrible guerre, la Révolution française engendra la Révolution bolchévique en Russie. Le 16 avril 1917, Alexander Kerenski renversa la dynastie Romanov et donna à la Russie le seul gouvernement démocratique qu'elle n'ait jamais connu. Cependant, Kerenski fit la grossière bévue d'essayer de poursuivre la guerre contre l'Allemagne. En conséquence, le général Ludendorff envoya en Russie un wagon rempli de Bolchéviques parmi lesquels se trouvaient Lénine, Trotski et Staline. Le 7 novembre 1917, cette poignée d'hommes renversa le gouvernement démocratique de la Russie. Kerenski s'enfuit en Australie et le communisme athée acquit les ressources nécessaires pour fabriquer un matériel de guerre d'envergure mondiale.

FATIMA

Durant ces mois fatidiques d'avril à novembre 1917, la Vierge Marie quitta la France et commença à apparaître à l'Ouest, à Fatima au Portugal. Les apparitions ont débuté le 13 mai 1917 et se sont terminées le 13 octobre de la même année. À chacune des six apparitions de Fatima, la Mère de Dieu a offert à l'humanité l'antidote au poison universel du communisme athée, c'est-à-dire le Rosaire. En effet, à sa dernière apparition en octobre, Notre-Dame apparut comme la Reine du Très Saint Rosaire.

Elle demandait instamment: «Priez le Rosaire chaque jour.» Mais là encore, peu de gens y portèrent attention. Alors survint la Seconde Guerre mondiale.

MEDJUGORJE

Même après cette terrible guerre, le monde n'a pas semblé réaliser que la paix n'arriverait que par la volonté de Dieu. Alors, comme il se dirigeait joyeusement vers la destruction nucléaire, la Mère de Dieu apparut de nouveau — avertissant que celles-ci seraient ses dernières apparitions! Cette fois, elle apparut à l'Est, à Medjugorje, en Yougoslavie, à partir du 24 juin 1981. Pendant neuf ans, elle est apparue à six enfants. Et à quatre d'entre eux, elle apparaît encore chaque jour, comme pour souligner l'urgence de son message. Comme toujours, elle nous supplie de revenir à Dieu, surtout par la prière — la prière du Rosaire. Mais maintenant, elle nous demande de prier les 15 dizaines quotidiennement.

LE ROSAIRE

Pourquoi cette emphase sur le Rosaire? Notre Mère, la Vierge très prudente, sait bien que tel que nous pensons, tel nous agissons. La croyance vient avant les actes. Et elle sait également qu'il n'y a rien de mieux pour redresser nos pensées et contrecarrer les erreurs de la société moderne que la méditation quotidienne des mystères du Rosaire.

Le Rosaire nous aide à purifier notre pensée. Il nous rappelle quatre grandes vérités de la religion.

1. Les mystères joyeux du Rosaire nous enseignent la première grande vérité de la religion: à savoir que la vie et la religion doivent être joyeuses.

Tant de gens ne pensent pas ainsi! Très souvent, ils pensent tout à fait le contraire. George Eliot décrivait certains ecclésiastiques de son temps comme des "vestiges de solennités au visage pâle". Renfrognés!

Les mystères joyeux nous montrent tout le contraire. Ils nous rappellent que la vie doit être joyeuse, que la religion doit aussi être joyeuse, que Dieu nous a faits pour le bonheur. C'est pourquoi Il a mis nos premiers parents dans un paradis. Paul ne disait-il pas à ses bien-aimés Philippiens: «Réjouissez-vous toujours dans le Seigneur. Je vous le répète: réjouissez-vous!» (4, 4).

Mais mieux encore, les mystères joyeux nous disent comment nous pouvons acquérir cette joie: principalement en accomplissant la volonté de Dieu comme firent Marie et Joseph, comme firent Élisabeth et Zacharie, comme firent Anne et Siméon, les bergers et les mages.

2. Les mystères douloureux du Rosaire nous enseignent la deuxième grande vérité de la religion: à savoir que c'est le péché qui fait de notre vie une vallée de larmes.

Les mystères douloureux nous disent que le péché — lorsque nous ne faisons pas la volonté de Dieu mais la nôtre — est le sentier du malheur. Si peu le pensent! Les jeunes, par exemple, pensent souvent que l'alcool, les drogues et le sexe mènent au bonheur. Suivre notre chemin et non le Sien nous conduit à la douleur et au malheur.

3. Les mystères glorieux du Rosaire nous enseignent la troisième grande vérité de la religion: principalement que la vie a un but, une raison d'être au-delà de cette vie.

Pour les Chrétiens, la vie n'est pas cyclique; nous ne tournons pas en rond comme les païens. C'est pourquoi la caractéristique des païens est l'ennui, l'angoisse, le suicide. Les activités sans but peuvent être exaspérantes. Si vous aviez à lancer une boule de quilles dans une allée sans quilles, pendant toute une soirée, cela vous ennuierait à mort. Placez-y des quilles, lancez en vous fixant des objectifs et ça devient un jeu agréable.

Pour les Chrétiens, la vie est une ligne droite: nous allons quelque part — au ciel ou en enfer.

Les mystères glorieux démontrent clairement que notre destinée est le ciel; une vie glorieuse après cette vie.

4. Les 15 mystères du Rosaire nous enseignent la quatrième grande vérité de la religion: à savoir que la sanctification est pour tous et qu'elle est à la portée de nous tous.

Les 15 mystères nous enseignent que la sainteté peut être atteinte par des gens ordinaires qui font des choses ordinaires, chaque jour, par amour pour Dieu, comme l'ont fait Marie et Joseph.

Aux yeux du monde, Joseph et Marie furent des gens bien ordinaires. Quand Jésus a étonné ses concitoyens par son éloquence, ils se demandaient: «N'est-ce pas le fils de Joseph?» — un charpentier ordinaire! (Lc 4, 22). Quand Jésus proclama qu'Il avait été envoyé du ciel, ils ont également protesté du fait qu'Il venait d'un monde bien ordinaire. «Ne connaissons-nous pas son père et sa mère?» (Jn 6, 42) — des gens bien ordinaires! Dieu ne nous demande pas d'être autre chose que des gens ordinaires, mais de bonnes gens pour qui le Christ est le centre de tout.

Le Rosaire nous aide à réfléchir sur de telles vérités — et la réflexion conduit à l'action. Notre-Dame sait que vous ne pouvez pas penser continuellement aux mystères de la vie de Notre-Seigneur sans être transformés, car les pensées qui vous habitent sont les pensées qui vous moulent, pour ainsi dire. Notre-Dame sait cela. D'où ses ardentes demandes pour que nous récitions le Rosaire.

La Vierge Marie ne demande pas la révolution (qui n'entraîne qu'un changement de structures), car modifier les structures ne change rien. Le fait d'avoir renversé la monarchie en France n'a pas amélioré la nation. Avoir renversé la dynastie Romanov et le gouvernement de Kerenski pour le communisme n'a pas aidé la Russie. Avoir détruit le régime de Batista pour celui de Castro n'a pas sauvé Cuba. Ce que Notre-Dame cherche — et l'Église et l'Évangile — c'est le Renouveau, qui signifie un changement des cœurs. C'est pourquoi elle nous demande de réciter le Rosaire, car le Rosaire renouvelle les cœurs, change les individus; et quand les individus changent, toute la société change.

CHAPITRE 3

Mon esprit s'égare

Une des plus grandes objections au Rosaire est précisément le fait que c'est une prière réfléchie. Certains diront: «Je n'aime pas penser.» Ou «Je ne peux pas me concentrer sur les mystères. Mon esprit s'égare. C'est pourquoi j'ai cessé de dire le chapelet.»

Je crois que le problème ici, c'est que trop souvent nous essayons d'intellectualiser les mystères. Nous les scrutons pour en extraire des leçons. Nous devrions plutôt simplement regarder les mystères du Rosaire dans le sens ignatien de la contemplation. Saint Ignace disait: «Regardez simplement les scènes de la vie de Jésus sans essayer d'en tirer toutes sortes de leçons et d'applications à votre vie. Soyez simplement là, comme regardant le téléroman *You were there* (Vous étiez là).

Les leçons et les applications viendront d'elles-mêmes.»

N'êtes-vous pas déjà allé voir un film et vous être fait demander par un ami comment vous l'aviez aimé? En donnant votre réponse, vous analysiez inconsciemment le film. Sans vous en apercevoir, vous tiriez vos conclusions sur le film simplement en le regardant à l'écran.

Ainsi en est-il pour le Rosaire. Regardez simplement les scènes de la vie de Notre-Seigneur avec la Vierge Marie tout au long des dix *Ave*. Comme pour un film, ils vont commencer à vous dire quelque chose sans que vous n'ayez autre chose à faire qu'à regarder. Pendant ce temps, Dieu travaille dans votre cœur.

Un jour, je priais les mystères glorieux. En méditant sur le deuxième (l'Ascension), ma pensée s'est arrêtée brièvement sur la façon dont les Apôtres avaient été laissés seuls — mais avec Marie. Et je me demandais comment ces onze hommes ordinaires avaient pu changer le monde.

Alors, au-delà de l'azur, je commençai à penser aux apparitions de Notre-Dame à de jeunes enfants, à Lourdes, à Fatima et à Medjugorje. Je réalisais qu'ils étaient simplement quelques jeunes et que, pourtant, ils avaient influencé des millions de personnes. À Medjugorje, je pensais aux quelque 15 millions de personnes qui avaient déjà été touchées par les messages de la Vierge.

Alors, ce fut tout à fait clair pour moi combien plus grand l'impact a dû être sur les Apôtres, car, non seulement ils ont vu le Christ, mais ils ont vécu avec Lui durant des années. Aussi, la Mère de Dieu fut leur compagne durant plus de quinze ans après l'Ascension de Jésus. Stop! sans trop m'en apercevoir, j'étais déjà rendu au troisième mystère.

L'an dernier (1989), j'ai fait ma retraite sacerdotale à Putnam, Connecticut. Madame Eileen George dirigeait la retraite. Cette mère de huit enfants est en phase terminale de cancer. C'est une personne extraordinairement ordinaire, très favorisée par Dieu le Père qu'elle appelle *Daddy*.

La retraite n'ayant pas été annoncée, onze prêtres seulement y sont venus.

Pour nous, ce fut un bienfait. Chaque soir, après la dernière conférence, nous descendions tous à la cafétéria pour une collation et alors, assis autour d'Eileen, nous lui posions toutes sortes de questions sur le Père, le Fils et le Saint-Esprit, sur le ciel, l'enfer, le purgatoire, sur la messe, le sacerdoce, l'Église, sur le bien et le mal dans le monde. Et elle était si aimable! Elle nous parlait comme une mère parle aux siens qu'elle aime. Et elle partageait avec nous ses merveilleuses expériences avec la Trinité, affermissant notre foi, approfondissant notre amour et notre appréciation pour l'Église et notre sacerdoce.

Eh bien! un soir après notre petite session, je me rendis à la chapelle pour finir mes 15 dizaines du Rosaire. Comme j'arrivais au troisième mystère glorieux (la descente du Saint-Esprit), je réfléchissais sur le fait que nous étions un petit groupe de prêtres rassemblés autour d'Eileen comme les Apôtres le furent autour de Marie. Et comme Eileen nous a inspiré, à nous prêtres, un plus grand amour et une meilleure compréhension de Jésus, Marie a dû faire la même chose pour les Apôtres, mais sur une plus grande échelle. Ce fut bien clair pour moi que Marie était vraiment la Mère de l'Église et qu'elle devait jouer un rôle central dans la vie de chaque prêtre.

Une autre fois, je pensais au premier mystère douloureux (l'Agonie au Jardin), et j'imaginais Jésus quittant la Dernière Cène avec ses onze Apôtres puis descendant les marches qui conduisent à la vallée du Cédron et à Gethsémani. En même temps, je pensais aussi que j'avais un rendez-vous avec un agent de l'IRS (Internal Revenue Service) pour une vérification de ma déclaration d'impôts. Eh bien! qui que nous soyons, une telle visite nous rend un peu craintifs et mal à l'aise. Alors, il me vint spontanément à l'esprit comment Jésus avait dû se sentir en allant à Gethsémani: il s'en allait affronter la mort, une mort horrible, marquée par des douleurs atroces et par l'ignominie. L'entrevue à l'IRS me trottant dans la tête, je pouvais m'imaginer un peu les sentiments intimes qu'Il a dû éprouver.

Alors, une autre pensée survint d'elle-même: regarde ce que faisait Jésus. Il s'en allait au Jardin pour prier. C'est ainsi qu'Il allait faire face à la situation — avec la prière! Alors, j'ai pensé en moi-même que c'était ainsi que je devais affronter chaque épreuve dans ma propre vie — par la prière. Ce mystère de la vie de Notre-Seigneur a confirmé ma résolution de toujours prier lorsque j'ai un problème.

À une autre occasion, alors que je méditais sur le deuxième mystère joyeux (la Visitation), la pensée du rôle de la femme dans la Rédemption m'effleura l'esprit. Je fus frappé du fait que les premières personnes qui furent dans les secrets de Dieu furent des femmes: Marie et Élisabeth. Joseph et Zacharie furent, en fait, des témoins extérieurs. Les femmes conduisaient les hommes. J'ai dit cela à un prêtre et je me demandais comment quelqu'un pouvait dire que, dans l'Église, les femmes sont des membres de seconde classe. Ce prêtre à l'esprit vif répliqua: «Les bébés qu'elles ont portés étaient des hommes.»

Enfin, j'espère que vous comprenez ce que je veux dire. Si vous regardez simplement, presqu'à loisir, les scènes de la vie de Jésus, vous allez récolter des fruits insoupçonnés. À ceux qui veulent le contempler, Dieu donnera des lumières intérieures.

Les dix *Je vous salue, Marie* sont comme une musique de fond qui joue pendant que vous contemplez la vie de Notre-Seigneur. La musique de fond nous aide quand nous lisons ou que nous travaillons. Nous portons peu d'attention à la musique, mais cela nous aide. Ainsi, en récitant les *Ave*, vous n'y portez pas beaucoup d'attention, mais ils sont la musique de fond qui vous aide à contempler les mystères de la vie de Notre-Seigneur.

Je vous salue, Marie,
pleine de grâce

CHAPITRE 4

Trop de répétitions

Une objection courante parmi les adultes concernant le Rosaire est qu'il y a trop de répétitions.

Pourtant, les psychologues nous disent que la même formule répétée plusieurs fois a un effet calmant. Une répétition rythmique apaise l'esprit. C'est pourquoi le fait de compter des moutons (répétition rythmique de nombres) peut nous endormir. Le tricot (gestes rythmiques) était une des thérapies utilisées pour les soldats commotionnés durant la Première Guerre mondiale. Le chapelet — la répétition rythmique des cinquante *Je vous salue, Marie* — peut apaiser l'esprit et le calmer, le libérant de façon qu'il puisse se concentrer sur les mystères.

Un jour, une jeune dame dit à l'Archevêque Fulton J. Sheen qu'elle ne dirait jamais le chapelet, car une personne qui répète toujours la même chose ne peut être sincère. L'Archevêque lui demanda si elle était fiancée. Elle répondit: «Oui».

«Est-ce que votre fiancé vous aime?

— Évidemment!

— Comment le savez-vous?

— Il me l'a dit.

— Vous l'a-t-il dit seulement une fois?

— Bien sûr que non!

— Vous l'a-t-il dit deux fois?

— Il m'a dit des centaines de fois qu'il m'aime.

— Oh! je ne le marierais pas. Il ne peut pas être sincère, répétant toujours la même chose.»

Quand des gens sont en amour, ils se le disent non seulement une fois, mais des centaines de fois.

En réalité, la répétition est le langage de l'amour. La répétition ne crée pas la monotonie. Elle crée la stabilité, elle réaffirme, elle sert même de coussin contre le choc futur qu'amène le changement. Quand une mère dit à son enfant: «Je t'aime», l'enfant veut l'entendre encore et encore.

La monotonie est éliminée non par des changements constants, mais par l'attention, la sincérité et le but. Si le golf consistait seulement à frapper une balle, ce jeu serait très monotone. Mais ajoutez-y un but, un terrain, un trophée à gagner et ça devient alors un jeu merveilleux.

Les fonctions les plus essentielles de la vie sont répétitives, comme manger, dormir, travailler et aimer. Le Rosaire est le langage de l'amour.

Je crois que l'extrait suivant du *Rochester Democrat & Chronicle* (24 janvier 1954) le dit bien:

"JE T'AIME" et, en post-scriptum, elle ajoute "OUI"

New York (UP). Une jeune fille, qui avait intrigué les communistes chinois pendant deux ans en n'écrivant que "Je t'aime" encore et encore dans 400 lettres à son amoureux en Corée, ajouta hier un bref post-scriptum: "Oui!"

Thérèse MacDonald, 21 ans, et le caporal William C. Rhatigan, 22 ans, s'étaient mariés en l'église des Quatorze Saints Martyrs, à Brooklyn.

Une foule d'environ 500 personnes assista à la cérémonie qui eut lieu après une longue romance. Le couple s'était fiancé le jour de Noël 1950. Quelques mois plus tard, Rhatigan partait pour la Corée avec la deuxième division d'infanterie.

Il fut capturé en mai 1951 et libéré en 1989. Durant son emprisonnement, il reçut un flot constant de lettres ne contenant que ces mots "Je t'aime". Aucune lettre ne fut arrêtée par les censeurs.

«Ces lettres intriguaient sûrement les Chinois», disait Rhatigan, «mais elles ne m'intriguaient pas du tout. C'est tout ce que je voulais entendre et Thérèse le savait.»

CHAPITRE 5

La puissance du Rosaire pour les personnes

Roberta Panek est une technicienne en radiologie à temps partiel et mère de quatre enfants. Elle écrivait une rubrique intitulée "Seulement un autre jour". Elle intitula un de ses articles "Prier le Rosaire affermit les liens affectifs". C'était une autre façon d'appliquer la devise du Père Peyton: *La famille qui prie ensemble reste ensemble.* L'article commençait ainsi:

«*Ce soir, Laura, ma fille de 8 ans, et moi avons fait quelque chose de différent. Nous avons récité un chapelet ensemble. C'était quelque chose! De 19 h 35 à 19 h 55, nous avons prié les mystères glorieux et c'était vraiment glorieux! À un moment donné, durant la prière, nous*

*nous sommes assises, nous souriant l'une
à l'autre. Et notre sourire durait... durait.
Nos cœurs étaient unis.*

*«Deux jours ont passés... Laura et moi
avons prié le Rosaire trois jours de suite.
Ce fut pour nous une occasion de rappro-
chement. J'apprécie et je savoure ce temps.*

*«La prière nous rend plus conscientes
du présent. Tout ce que nous faisons (parler, manger, boire, penser, écrire) a un
impact sur l'avenir. Les petites décisions
peuvent même être aussi signifiantes que
les grandes. La prière nous aide à purifier
nos pensées...»*

Aujourd'hui, la famille a besoin d'être
consolidée, cimentée. Roberta dit que le
Rosaire est le ciment. Notre-Dame a
demandé de réciter le Rosaire en famille
parce qu'il aidera la famille à demeurer
unie.

J'ai lancé une Croisade nationale du
Rosaire contre l'avortement et, en mai
dernier (1989), une dame m'écrivait cette
lettre:

«Cher Père Shamon,

«Que Dieu vous bénisse de prêcher le Rosaire! Nous avons besoin de cette puissante prière pour guérir tellement de maux et je pense que c'est merveilleux que vous utilisiez l'arme de Marie contre l'avortement.

«Le Rosaire m'a ramenée aux sacrements après 15 ans. Le Rosaire a converti mon époux juif, qui est décédé depuis. Puisse-t-il reposer en paix! Mais je suis tellement reconnaissante! Il aimait Notre-Dame, sa "mère juive". Et ce fut une conversion vraiment miraculeuse.

«Le Rosaire a ramené ma sœur aux sacrements après 10 ans.

«En méditant sur la vie de Notre-Seigneur à travers le Rosaire, Marie nous ramène à Jésus et à la réconciliation avec Lui par le sacrement du Pardon et la célébration de l'Eucharistie.

«Je suis d'accord avec vous, c'est notre arme contre le meurtre des enfants à naître. Alors, je vais, avec l'aide de Dieu, offrir 15 dizaines chaque semaine pour votre Croisade contre l'avortement.

«Que Dieu vous bénisse!»

À Sodus Point, près du Lac Ontario, se trouve une église catholique historique que Mgr Bernard J. McQuaid, premier évêque de Rochester (NY), a nommée Ste-Rose-de-Lima en honneur de Mme Rose Lummis (1844-1900) qui avait donné le terrain et l'édifice Lummis Hall pour être utilisé comme église catholique.

À l'âge de 21 ans, Rose était entrée dans l'Église catholique. Dans son zèle pour sa foi nouvellement découverte, elle a converti son ministre épiscopalien, le Rév. William P. Salt. Il est devenu prêtre et vicaire-général du diocèse de New York ainsi qu'administrateur de Seton Hall. Rose voulait devenir religieuse, mais sa faible santé l'en empêcha. Elle devint alors une associée de la Société du Sacré-Cœur, au Canada, où elle fit des vœux de religion. Elle consacra sa fortune et sa vie au service des démunis et des pauvres.

Rose avait un grand amour pour le Rosaire. Elle priait le Rosaire publiquement, chaque jour à 15 h 00. Sa vie fut remplie d'incidents démontrant la puissance du Rosaire. Quand elle voulut une église et un prêtre résident pour le petit village de Port Dover sur le Lac Érié, elle a dit une dizaine de chapelet à chaque jour; et ce que tout le monde croyait impossible est arrivé: Dover a eu son église et son pasteur.

Rose Lummis a travaillé non seulement au Canada, mais aussi dans le Sud, à partir de ses quartiers généraux à Hendersonville, en Caroline du Nord.

Un dimanche après-midi, le médecin de l'endroit vint chez Rose et lui demanda d'envoyer un prêtre à l'un de ses patients mourant, dans les Blue Ridge Mountains. L'homme était un pauvre ouvrier de la Nouvelle-Angleterre, qui était venu dans le Sud pour combattre la tuberculose.

Comme c'était dimanche, Rose savait que le Père Marion serait chez lui, à Asheville. En tout autre temps, il y aurait eu peu de chance de le rejoindre, car il aurait été parti à cheval visiter ses paroissiens à 220 kilomètres à la ronde. Mais c'était dimanche. Alors, Rose envoya un télégramme à Asheville pour le pasteur et, heureusement, il le reçut. Le Père arriva le lendemain matin à Hendersonville par train et se dirigea immédiatement vers les montagnes, accompagné d'un monsieur McKenna qui connaissait bien les routes montagneuses.

Le médecin avait laissé des branches de pin sur le chemin afin de les guider vers leur obscure destination. Kilomètre après kilomètre, ils escaladèrent lentement la montagne en s'éloignant de la route principale. Lorsqu'ils aperçurent l'affiche du médecin presqu'enfouie dans les broussailles, ils passèrent à travers une brèche dans les montagnes et grimpèrent tout droit jusqu'à ce qu'ils arrivent à une cabine solitaire qui semblait inhabitée. Ils pénétrèrent dans la cour, ouvrirent la porte, mais il n'y avait aucun signe de vie nulle part — seulement deux lits défaits dans une chambre à demi vide. Le Père pensa: «Il doit être mort et tout le monde doit être rendu au cimetière.»

Cependant, le Père se rendit dans une autre chambre et s'écria: «Dieu, viens à son aide; pauvre homme, il est ici!»

Ils avaient trouvé le moribond, gisant impuissant et souffrant, la face émaciée et couverte de mouches, car il était trop faible pour les chasser. Le mourant reconnut le prêtre et le regarda d'un sourire faible et accueillant.

«Je savais que vous viendriez, Père», dit-il haletant et sanglotant, mais satisfait de pouvoir maintenant recevoir les derniers sacrements. Lorsque le Père lui demanda s'il était résigné, il se releva avec effort et dit: «Je le suis, mon Père; je veux partir maintenant.» Le Père demeura jusqu'au coucher du soleil et partit à contrecœur pour Tryon, afin d'y passer la nuit.

Le lendemain matin, un messager vint à temps pour prévenir le Père de ne pas prendre le train pour Asheville, car l'homme malade était décédé la veille au soir. Le Père emprunta un cheval et se hâta de retourner dans les montagnes. Il arriva en plein midi. Quelques hommes flânaient autour de la porte de la cabane et le regardaient curieusement alors qu'il descendait de cheval, fatigué, transpirant et poussiéreux. La bonne dame de la maison vint au-devant de lui avec un mot de bienvenue un peu rude, mais sincère. «Mettez l'animal dans l'étable et je vais pousser du foin à travers les fentes.» Elle invita alors le prêtre à dîner dans la cabane et il s'assit avec la famille.

Après le dîner, ils l'ont conduit auprès du défunt qu'ils avaient étendu dans ses meilleurs habits, avec autant de respect et de révérence que s'il avait été l'un des leurs. Le Père en fut très ému. C'était tout à l'honneur de ces gens qui auraient pu enterrer l'étranger sans cercueil et s'emparer de ses biens.

La dame apporta un vieux sac de cuir qui avait appartenu à l'homme décédé. Il était presque vide, mais contenait un livre de saint François de Sales, bien usé, et quelques menus articles que le Père présenta à la famille.

«Et maintenant», dit anxieusement la dame, «il doit y avoir une montre parce qu'il avait une chaîne sur lui qu'il aimait beaucoup. J'ai bien cherché la montre mais je ne l'ai pas trouvée.»

«Laissez-moi voir la chaîne», demanda le Père.

Lentement et solennellement, la dame alla dans une autre chambre et revint avec une boîte à pilules qu'elle ouvrit avec grand soin, en remettant le contenu au Père. Il regarda la pauvre chaîne, usée et noircie; c'était le chapelet du défunt! Voyant le regard sérieux du prêtre, la dame répéta: «Il l'aimait vraiment beaucoup!» Le Père le prit avec respect.

«Nous allons l'ensevelir avec.»

– «Oui», dit de nouveau la dame, «il l'aimait vraiment beaucoup.»

Ensemble, ils se dirigèrent vers le mort et la dame déposa le chapelet sur lui comme si c'était réellement une chaîne de montre.

Je ne puis vous dire combien j'ai été ému par cette histoire. Cela m'a montré jusqu'où la Mère de Dieu ira pour aider ses enfants qui aiment le Rosaire. L'homme décédé «aimait vraiment beaucoup le Rosaire». D'innombrables fois, il avait prié: «Sainte Marie, Mère de Dieu, priez pour moi, maintenant et à l'heure de ma mort.» Et elle l'a fait: ses prières ont amené son Fils à lui, à l'heure de sa mort. Quelle grâce!

Lorsque Rose Lummis elle-même mourut, sa biographe, Delia Gleason, écrivit: «C'était le Rosaire qui réjouissait ses derniers moments. Elle avait toujours son chapelet avec elle; elle le sortait aussitôt qu'elle était seule, dans le train, en conduisant sa voiture ou en marchant, le pressant tendrement ou le faisant glisser lentement entre ses doigts. Elle priait constamment...»

Un jour, le Dr Carlos Finlay retournait à la maison très tard le soir. Il était fatigué et somnolent, lorsqu'il se souvint qu'il n'avait pas dit son Rosaire ce jour-là. Il le disait quotidiennement. Alors, il commença à réciter le Rosaire avec dévotion. Un bourdonnant moustique tournait avec persistance autour de sa tête, l'obligeant à détourner son attention plusieurs fois.

Soudain, comme inspiré par la Sainte Vierge à qui il adressait sa prière, l'idée (qui l'a rendu célèbre) lui vint que le moustique est l'agent transmetteur de la fièvre jaune et de la malaria. Il poursuivit cette théorie et a prouvé qu'elle était bonne, mettant ainsi fin à une longue série d'efforts et de recherches par de nombreux hommes de science pour trouver un remède à la malaria. Le chemin fut ainsi pavé pour l'achèvement du Canal de Panama.

Le grand compositeur autrichien, Franz Haydn, dit à ses admirateurs: «Lorsqu'au cours de la composition d'une œuvre, je me sens bloqué et sans inspiration, je prends mon chapelet et je commence à prier le Rosaire. Aussitôt, mon esprit devient chargé de tellement de mélodies que je ne puis en noter que quelques-unes.»

Frédéric Ozanam, le fondateur de la Société de Saint-Vincent-de-Paul (qui apporte de l'aide spirituelle et matérielle aux pauvres) était incroyant quand il était jeune. Un jour, il entra dans une église, à Paris. Elle était vide, sauf pour un homme âgé qui priait le Rosaire devant un autel. Il s'approcha pour voir cet homme de plus près et découvrit que c'était son professeur Ampère qui récitait son chapelet.

Ampère était un grand mathématicien et physicien qui édifia la théorie de l'électromagnétisme et inventa, entre autres, le premier télégraphe électrique. Cependant, Ampère priait le Rosaire avec tant de dévotion qu'Ozanam fut convaincu que la religion d'Ampère était véridique. Plus tard, après sa conversion à la foi catholique, Ozanam disait souvent: «Le Rosaire d'Ampère m'a fait plus de bien que tous les livres et les sermons.» Ozanam est maintenant en voie de béatification.

Dans une lettre au Père Paul R. Milde, O.S.B., l'évêque James E. Walsh, un père Maryknoll, décrivait comment le Rosaire l'a soutenu et consolé durant ses années de détention dans une prison de Chine.

«*Mon grand soutien pendant 12 ans d'emprisonnement fut le Rosaire. Je n'avais pas de livres religieux et ne pouvais en obtenir aucun. Il m'était alors impossible de célébrer la messe ou de réciter le bréviaire.*

«*La privation est la marque dominante de la vie de prison. Sans autre chose à la portée que de l'air à respirer et des murs nus à contempler, la situation nous apparaît sombre. Pas de place où aller... rien à faire... une monotonie sans fin à envisager... la perspective est sombre. Quoi faire dans de telles conditions? Comme d'habitude, la réponse fut pour moi rapide et automatique. Revenir au Rosaire, évidemment! Compter sur le Rosaire!*

«On peut le dire sur les dix doigts aussi facilement que sur les grains d'un chapelet. Pour dire le Rosaire, on n'a pas besoin d'autre chose que du temps. Et là, j'en avais amplement! Au lieu de m'inquiéter des gens à cœur de jour, je pouvais les aider en priant.

«Le Rosaire fut mon grand compagnon, fidèle et toujours présent. Il a comblé mes besoins les plus profonds. Ses quinze mystères me fournissaient une révision claire et complète des grandes vérités centrales de la religion.

«Le Rosaire m'a soutenu quand d'autres moyens manquaient. Il est venu à mon aide chaque fois que je me sentais oppressé par des problèmes. Ce fut ma bouée de sauvetage infaillible, tout au long de mes années d'incarcération.»

Le maréchal Ferdinand Foch fut l'un des grands généraux de la Première Guerre mondiale. Sa mère était une compagne de sainte Bernadette de Lourdes. Avec Bernadette, elle allait toujours prier le Rosaire à la grotte de Massabielle. Elle apprit à Ferdinand à avoir un amour spécial envers Marie et son Rosaire. «Sois toujours fidèle à ton Rosaire», avait-elle coutume de lui dire. «Ne laisse jamais passer un jour sans le réciter dévotement.» Chaque soir, ils le récitaient ensemble.

Quand la Première Guerre mondiale éclata, son fils conduisait les armées de France et ses grandes victoires furent, en grande partie, dues à sa fidélité à réciter le Rosaire chaque jour. Il mourut le chapelet à la main.

Dans le journal *Our Sunday Visitor*, j'ai aperçu un article qui racontait comment le Rosaire avait ramené un prêtre à son sacerdoce. «Attribuant au Rosaire sa réadmission au sacerdoce, le Père William Blazewicz, debout devant ses fidèles à la paroisse du Sacré-Cœur à Mondovi, au Wisconsin, raconta comment il avait perdu et retrouvé la foi.»(14 mai 1989)

Oh! la puissance du Rosaire! Il est tellement puissant non seulement parce que la méditation sur les mystères de la vie de

Jésus peut nous changer, mais surtout parce que Marie en fait sa prière et prie avec nous.

Quand, à chaque *Ave*, nous disons «Sainte Marie, Mère de Dieu, priez pour nous pécheurs...», Marie répond à notre demande et unit ses prières aux nôtres, rendant ainsi le Rosaire plus puissant. Comme elle dit un jour au Père Gobbi: «Vous me demandez cinquante fois de prier pour vous. J'entends votre prière et je prie avec vous. Et ainsi votre prière devient toute-puissante, car mon Fils ne me refuse rien.»

Saint Louis de Montfort a écrit:

«Si vous dites le Rosaire fidèlement jusqu'à votre mort, je vous assure qu'en dépit de la gravité de vos péchés, vous recevrez une couronne de gloire impérissable. Même si vous êtes sur le bord de la damnation, même si vous avez un pied en enfer, même si vous avez vendu votre âme au diable... tôt ou tard, vous serez converti, vous changerez de vie et sauverez votre âme. SI — et remarquez bien ce que je vous dis — SI VOUS DITES LE ROSAIRE FIDÈLEMENT CHAQUE JOUR DE VOTRE VIE...» (p. 12).

Les saints ont toujours considéré la prière quotidienne du Rosaire comme un signe de prédestination pour le ciel. Et les écrits des saints ne contiennent aucune erreur doctrinale.

Chapitre 6

La puissance du Rosaire pour les nations

Notre-Dame nous a dit à plusieurs reprises que la paix ne viendrait qu'à la suite d'un retour à Dieu par la prière, surtout celle du Rosaire. Mais il y en a encore tellement qui n'écoutent pas son message. Alors, l'action parle plus fort que les mots. Quelques faits rapportés ci-après montrent ce que Marie a fait au Japon, en Autriche, au Brésil, en Russie et aux États-Unis. La puissance cumulative de ces faits devrait pousser tous les Catholiques à commencer à prier le Rosaire quotidiennement et, si possible, en famille.

1. Notre-Dame parle au Japon: le Rosaire d'Hiroshima

À 2 h 45, le 6 août 1945, un B-29 quittait l'île de Tinian pour lancer la première bombe atomique sur le Japon. À 8 h 15, la bombe explosa à une distance de huit rues de l'église des Jésuites, Notre-Dame-de-l'Assomption, à Hiroshima. Un demi-million de personnes furent exterminées. Il ne restait plus que la noirceur, le sang, les brûlures, les gémissements, le feu et la terreur qui se répandait.

Cependant, l'église et les quatre pères jésuites en poste à cet endroit ont survécu: les pères Hugo Lassalle, Kleinsorge, Cieslik et Schiffer. Selon les experts, «ils auraient dû être morts», étant donné qu'ils se trouvaient dans le rayon (un kilomètre et demi) le plus mortel de l'explosion. Neuf jours plus tard, le 15 août, fête de Notre-Dame-de-l'Assomption, la paix fut signée.

Le miracle de leur survivance, leur dévotion à Marie, leur église dédiée à son Assomption ont clairement indiqué à ces survivants que c'était plus qu'une coïncidence. Ils ont apprit la puissance de Marie et de son Rosaire. Alors, leur réponse à la bombe atomique fut le lancement d'une Croisade du Rosaire pour la paix au Japon.

Songez à la puissance d'une rivière. Elle est faite de gouttelettes d'eau, d'innombrables petites gouttes de pluie. Ensemble, ces petites gouttes forment la puissante rivière qui peut transporter de lourds bateaux et changer des déserts arides en terres arables et en jardins fertiles.

Il en est de même pour la Croisade du Rosaire où les "*Ave*" d'innombrables personnes à travers le monde deviennent une force spirituelle immense et irrésistible pour la paix.

2. L'Autriche: le miracle du retrait russe

À la fin de la Seconde Guerre mondiale, les alliés ont fait une grave bêtise: ils ont remis l'Autriche catholique aux Russes. Les Autrichiens ont toléré cette domination soviétique pendant trois ans, mais pas plus. Ils ont voulu chasser les Soviétiques de leur pays. Mais que pouvait l'Autriche avec ses sept millions contre leurs 220 millions?

Alors un prêtre, le Père Petrus, se souvint de Don Juan d'Autriche. Moins nombreux que l'ennemi dans une proportion de 3 contre 1, Don Juan avait conduit la flotte papale, vénitienne et espagnole contre les Turcs, à Lépante, et par la puissance du Rosaire les a défait miraculeusement. Alors, Père Petrus lança une Croisade du Rosaire contre les Soviétiques. Il demanda une dîme, à savoir que 10% des Autrichiens, soit 700 000, s'engageraient à dire le Rosaire chaque jour afin que les Soviétiques quittent leur pays. Il y eut 700 000 promesses de signées.

Durant sept ans, les Autrichiens ont prié le Rosaire. Alors, le 13 mai 1955 (anniversaire de l'apparition à Fatima), les Russes ont quitté l'Autriche.

Même à ce jour, les stratèges militaires et les historiens sont déroutés. Pourquoi les communistes sont-ils partis? L'Autriche est un pays bien situé stratégiquement, une porte vers l'Ouest, riche en ressources minières et pétrolières. Pour eux, c'était une énigme.

Un jour, Al Williams, ancien gardien de la statue pèlerine nationale de Notre-Dame de Fatima, m'a entendu raconter cette histoire. Il me dit: «Vous savez, Père, je suis Autrichien. Eh bien! trois mois avant que Thérèse Neumann meure, je lui ai rendu visite (le 18 juin 1962). Une des questions que je lui ai posées était: "Pourquoi les Russes ont-ils quitté l'Autriche?" Elle me dit: "En vérité, en vérité, c'était à cause des Rosaires du peuple autrichien."»

En d'autres mots, le Rosaire de Notre-Dame fit ce que les combattants hongrois pour la liberté n'ont pas réussi à faire en massacrant 25 000 personnes. John Cortes, un brillant écrivain et diplomate du 19e siècle a écrit: «Ceux qui prient font plus pour le monde que ceux qui luttent. Si le monde va de mal en pis, c'est qu'il y a plus de batailles que de prières.»

3. Le Brésil: pourquoi pas le chemin de Cuba?

L'édition du *Reader's Digest* de novembre 1964 contenait une histoire intitulée "La nation qui s'est sauvée elle-même". Ce pays, c'était le Brésil. Le temps était venu, en 1961, pour prendre le Brésil, tout comme Cuba. Mais devinez qui a contrecarré cette emprise communiste? Les femmes du Brésil avec leurs Rosaires!

«Sans les femmes», dit l'un des chefs de la contre-révolution, «nous n'aurions jamais pu arrêter la vague communiste qui risquait d'inonder le Brésil.»

Un soir, au milieu de 1962, Dona Amelia Bastos écoutait son mari et une bande d'anti-communistes discuter de la menace du communisme qui se dessinait. «J'ai tout à coup décidé», dit-elle, «que la politique était devenue trop importante pour être laissée entièrement entre les mains des hommes. D'ailleurs, qui plus que nous, les femmes, est concerné par ce qui se passe dans notre pays?» Elle a donc organisé la Campagne des femmes pour la démocratie. À Belo Horizonte, 20 000 femmes qui récitaient le Rosaire à haute voix ont fait échouer sur place le plus grand rassemblement de la gauche. À Sao Paulo, 600 000 femmes, priant le Rosaire lors d'une des plus émouvantes manifestations de l'histoire du Brésil, ont fait sonner le glas de la révolution communiste.

Chapelets en mains ou autour du cou, ces femmes ont publié une proclamation de 1 300 mots:

«*Cette immense et merveilleuse nation que Dieu nous a donnée est en extrême danger. Nous avons permis à des hommes aux ambitions démesurées, sans foi chrétienne ni scrupules, d'apporter à notre peuple la misère, de détruire notre économie, de troubler notre paix sociale, pour créer la haine et le désespoir. Ils ont infiltré notre nation, notre gouvernement, nos forces armées et même nos églises...*

«*Mère de Dieu, préservez-nous du sort et des souffrances des femmes martyres de Cuba, de Pologne, de la Hongrie et d'autres nations esclaves!*»

On se croirait aux États-Unis, n'est-ce pas? Notre-Dame de Fatima avait dit que si ses demandes n'étaient pas entendues, les erreurs de la Russie se répandraient dans tout le monde, même aux États-Unis. Eh bien! c'est arrivé ici. Qui aurait cru que les Américains auraient défendu le droit au meurtre d'enfants à naître, auraient considéré l'homosexualité comme un choix de vie? Que la Cour suprême de notre pays éliminerait Dieu de nos écoles, légaliserait la pornographie, et ainsi de suite?

N'est-ce pas les femmes de notre nation qui ont le plus à perdre? Plût à Dieu qu'elles puissent, tout comme les femmes du Brésil, se lancer dans la lutte pour protéger notre pays contre les forces qui pourraient le détruire! Et puissent-elles employer l'arme recommandée par Marie et utilisée par les femmes du Brésil: le Rosaire! Non seulement le Rosaire individuel mais aussi en famille, car c'est la famille qui est menacée.

4. Notre-Dame parle à la Russie

a) le 13 octobre 1960

La plupart d'entre nous se souviennent du temps où Nikita Khrouchtchev visita les Nations Unies, en octobre 1960, et se vanta qu'il nous enterrerait — qu'il nous anéantirait! Et pour amplifier sa vantardise, il enleva sa chaussure et frappa sur le pupitre devant l'Assemblée mondiale saisie d'horreur.

Ce n'était pas une vaine vantardise. Khrouchtchev savait que ses hommes de science avaient mis au point un missile nucléaire et qu'en novembre 1960 (43e anniversaire de la Révolution bolchévique), ils se proposaient de le présenter à Khrouchtchev.

Mais voici ce qui est arrivé. Le Pape Jean XXIII avait ouvert et lu le troisième secret de Fatima donné à Sœur Lucie. Il autorisa l'évêque de Leiria (Fatima) à écrire à tous les évêques du monde, les invitant à se joindre aux pèlerins de Fatima, la nuit du 12 au 13 octobre 1960, en prière et en pénitence pour la conversion de la Russie et, en conséquence, pour la paix mondiale.

La nuit du 12 au 13 octobre, environ un million de pèlerins l'ont passée dehors, à la Cova da Iria, à Fatima, en esprit de prière et de pénitence devant le Saint Sacrement. Ils prièrent et veillèrent, malgré une pluie qui les pénétrait jusqu'aux os.

En même temps, au moins 300 diocèses à travers le monde se joignaient à eux. Le Pape Jean XXIII fit parvenir une bénédiction spéciale à tous les participants à cette nuit de réparation sans précédent.

Voici ce qui s'est passé. Durant la nuit du 12 au 13 octobre, juste après son épisode du claquement de sa chaussure, Khrouchtchev prit l'avion en hâte pour

Moscou, annulant tous ses engagements subséquents. Pourquoi?

Marshall Nedelin, le plus brillant cerveau de la Russie en génie nucléaire, ainsi que plusieurs membres du gouvernement étaient présents pour le test final du missile qui devait être présenté à Khrouchtchev. Quand le compte à rebours fut terminé, pour une raison quelconque, le missile ne quitta point l'aire de lancement. Au bout de 15 ou 20 minutes, Nedelin et tous les autres sortirent de l'abri. À ce moment-là, le missile explosa, tuant plus de 300 personnes. Cela a retardé de 20 ans le programme nucléaire de la Russie, empêché une guerre atomique mondiale, évité l'anéantissement des États-Unis, et tout cela est arrivé la nuit où les Catholiques du monde entier étaient à genoux devant le Saint Sacrement, réunis aux pieds de notre Reine du Rosaire de Fatima. Marie ne veut pas la guerre nucléaire.

b) le 13 mai 1984

Le 13 mai 1984, une des plus grandes foules jamais vues à Fatima était rassemblée pour célébrer l'anniversaire de la première apparition de la Vierge à cet endroit. Ce même jour, une explosion massive avait détruit les deux tiers des missiles aériens et maritimes de la plus puissante flotte de l'Union soviétique — la Flotte du Nord, chargée, en temps de guerre, d'intercepter les lignes maritimes de l'OTAN dans l'Atlantique. Selon le *Jane's Defense Weekly* de Londres, ce fut «le plus grand désastre survenu dans la marine soviétique depuis la Seconde Guerre mondiale». N'est-il pas temps pour nous de croire davantage aux promesses et à la puissance de Notre-Dame?

c) le 28 avril 1986

Tous ont lu des reportages à propos du désastre de Tchernobyl, en Ukraine. Les dommages directs se sont élevés à 2,7 milliards de dollars. Les coûts indirects furent beaucoup plus élevés avec la contamination de 2 600 kilomètres carrés de terres agricoles. Mais c'est surtout l'impact spirituel qui a davantage marqué le peuple russe.

Un éminent écrivain russe soulignait que Tchernobyl est un mot ukrainien signifiant "armoise amère" (une herbe amère utilisée comme tonique dans la campagne russe). Alors, il fit remarquer que, dans le *Livre de l'Apocalypse*, il est écrit qu'une grosse étoile était tombée des cieux, rendant le tiers des eaux amères. Et le nom de cette étoile était "Armoise amère" (Ap 8, 10-11).

Avec une vitesse étonnante, ce rapport entre le désastre de Tchernobyl et les paroles de saint Jean dans l'Apocalypse se répandit en Russie, donnant à Tchernobyl la qualité d'un désastre presque surnaturel. Cela eut un impact sur les Russes, surtout lorsqu'ils se sont souvenu que le Christianisme est venu s'établir dans la région même de Tchernobyl, chez la peuplade de Rus, en 998 après J.-C.

d) le 12 mai 1988

Le 12 mai 1988, la Presse associée signalait qu'«une explosion entraîne la fermeture de la seule usine soviétique de moteurs à missiles». L'article commençait ainsi: «Selon des fonctionnaires américains, une explosion majeure aurait frappé la seule usine soviétique qui fabrique les principaux moteurs à fusée du plus récent missile nucléaire à longue portée de ce pays.» Le Pentagone a publié une déclaration disant que cela s'était produit le 12 mai, «détruisant plusieurs bâtiments d'une usine de propulseurs soviétiques, à Pavlograd», à environ 800 kilomètres au sud-ouest de Moscou, en Ukraine.

Quelques jours plus tôt, le 3 mai 1988, dans notre propre pays, une explosion déchirait en deux une usine, au Nevada, contenant probablement du perchlorate d'ammonium utilisé pour le moteur principal de la fusée du SS-24. Encore une fois, Marie n'empêche-t-elle pas la guerre nucléaire, en réponse à nos Rosaires de réparation?

5. Notre-Dame parle aux États-Unis

Le Ciel s'adapte toujours à nos limites. Au premier Noël, Dieu se servit d'anges pour parler aux bergers. Pour parler aux rois mages, Il se servit d'une étoile. Et pour parler aux États-Unis, Il se servit d'un moyen ordinaire de communication, la revue *Newsweek* du 12 juin 1989 et du *U.S. News* du 7 août 1989.

Dans le numéro du 12 juin du *Newsweek*, il y a une histoire à propos de l'aide pour la recherche atomique offerte par les Américains à des nations alliées. La loi nous défend de partager des renseignements ultra-confidentiels avec d'autres pays. Les scientistes américains contournent cette loi avec la France en parlant d'"orientation négative".

À titre d'exemple, lorsque les Français ont essayé de développer des cônes de charge à missiles multiples orientés vers des cibles différentes, les Américains leur faisaient savoir de façon indirecte s'ils étaient sur la bonne piste ou non.

Quand les Français disaient: «Nous avons essayé cela, mais ça n'a pas fonctionné», les Américains devaient répondre: «Il y a d'autres moyens.»

Les Français demandaient: «D'autres moyens?» Et les questions continuaient tant que la bonne réponse ne venait pas.

Dans l'article du 12 juin 1989, le *Newsweek* montrait une photo de l'essai d'une bombe atomique fait par la France dans le Pacifique[*]. Au bas de la photo figurent ces mots: «D'autres moyens? — Les Français font des essais dans l'île du Pacifique, Mururoa.»

---

[*] Voir au dos de la couverture.

Sur la photo, on reconnaît facilement l'image de Notre-Seigneur crucifié et celle de Notre-Dame. L'image du Christ crucifié est dans le feu rouge de la bombe. Mais à sa droite, dans une lumière blanche (dans le nuage de l'explosion), on aperçoit le profil de la Vierge. Elle est là comme pour répondre à la question: «Y a-t-il d'autres moyens?» Et sa réponse est: «Oui, il y a d'autres moyens que la guerre atomique. C'est mon moyen: le Rosaire.»

En physique, on nous apprend que le feu blanc est plus chaud que le feu rouge. Marie est en blanc par contraste avec le feu rouge du champignon atomique. C'est le moyen dramatique qu'emploie Marie pour nous redire maintenant, comme elle l'avait fait à Fatima, quand le soleil dansa et tournoya miraculeusement, le 13 octobre 1917: «Dieu est plus puissant qu'aucune bombe atomique. Vous voulez la paix? Eh bien! elle est entre mes mains, non dans les bombes atomiques ou nucléaires. Il y a vraiment d'autres moyens, mon moyen — le moyen de la Mère de l'Humanité.»

Dans le *U.S. News and World Report* du 7 août 1989, cette même photo de la bombe atomique réapparut avec un article intitulé *America's Doomsday Project*. En sous-titre, on lisait: «Les États-Unis ont un plan de survie secret advenant une guerre nucléaire». Marie a un sens de l'humour et elle semble dire: «Oui, il y a d'autres moyens. Il y a un plan secret de survie pour les États-Unis et c'est de vous tourner vers moi dans la prière, la prière du Rosaire.»

Le 14 août 1989, un homme de science japonais emporta son compteur Geiger sur la colline des apparitions à Medjugorje, afin d'enregistrer la radioactivité à cet endroit. On y lisait 10 au compteur, ce qui est normal. Quand la Vierge apparut sur la colline à 22 h 00, on y lisait 300 000 — l'équivalent de la force à l'intérieur d'une bombe nucléaire.

De nouveau, Marie dit: «Je suis aussi puissante qu'une bombe nucléaire. Vous, les Américains, mettez trop de confiance en vos propres ressources. Vous pensez que la bombe (votre technologie) est la réponse! Mais c'est faux! Mettez votre confiance non dans la bombe qui peut tout détruire, mais en moi! Ayez confiance en moi! Je vous apporterai la paix!»

Le 13 octobre 1988, jour du 71e anniversaire de la dernière apparition de la Vierge à Fatima, Marie rappela cette apparition aux prêtres, par l'intermédiaire du Père Gobbi, en répétant une partie du message laissé à cet endroit: «Je suis la Reine du Très saint Rosaire et je vous bénis tous avec ce signe de ma victoire certaine» (Notre-Dame parle à ses prêtres bien-aimés, no 391). Son signe de victoire certaine, c'est le Rosaire. Elle l'a promis à Fatima et elle le répète encore, 71 ans plus tard:

«...récitez souvent le Rosaire! Alors, le puissant Dragon rouge sera entravé par cette chaîne et son champ d'action sera à jamais restreint. À la fin, il sera impuissant et sans malice.

«Le miracle du triomphe de mon Cœur Immaculé sera manifesté à tous.»

(au Père Stefano Gobbi,
7 octobre 1983)

Et cela se manifeste par l'écroulement du communisme en Europe de l'Est. Comment expliquer autrement cet incroyable phénomène? Ce n'est pas l'armée, ni les politiciens, ni les médias qui ont amené cela. Ce sont les millions et les millions de personnes répondant aux appels de la Vierge à Fatima, à Medjugorje, etc., qui ont contribué à cela — le peuple ordinaire — leurs sacrifices, leurs prières, leurs Rosaires!

APPENDICE 1

Le Rosaire:
arme pour la paix,
arme contre l'avortement

La meilleure arme contre l'avortement, c'est la prière, surtout le Rosaire récité seul ou en groupe. Il peut sauver des vies et convertir le peuple américain. Le Rosaire en public devrait être (et c'est le cas) la prière du mouvement Pro-Vie.

L'avortement est non seulement un problème légal, mais aussi moral. «Nous devons obéir à Dieu plutôt qu'aux hommes» (Actes 5, 29). Ce problème sera résolu quand le peuple américain retournera à ses valeurs judéo-chrétiennes. Dieu seul peut accomplir cette conversion et Il le fera si nous le Lui demandons dans la prière.

Au cours des deux dernières années, j'ai travaillé à la promotion de la Croisade du Rosaire perpétuel, demandant aux gens de s'engager, une heure par semaine, à prier les 15 dizaines du Rosaire pour l'abolition de l'avortement. La réponse fut magnifique, et les grâces et les succès apparents.

Nous voulons développer ce thème et lancer une Croisade du Rosaire pour la paix.

Le Rosaire est une arme merveilleuse. À Lépante, en 1571, il fit échouer des navires. En 1955, il chassa les Russes de l'Autriche catholique. En 1962, il empêcha la prise du Brésil par les communistes. Dans les années 1980, il a été prouvé, avec documents à l'appui, que la révolution non sanglante qui a chassé Ferdinand Marcos du pouvoir, aux Philippines, était largement attribuée à la prière du Rosaire.

LE ROSAIRE EST L'ARME QUI PEUT APPORTER LA PAIX DANS LE MONDE. (Marie l'a dit clairement à Fatima.)

POUR ENDIGUER LA MARÉE DU MAL EN AMÉRIQUE, UNE DÎME DU ROSAIRE DEVRAIT ÊTRE OFFERTE À DIEU PARTOUT DANS LE MONDE. SI 10% DES CATHOLIQUES AUX ÉTATS-UNIS[*] S'ENGAGEAIENT DANS LA CROISADE DU ROSAIRE PERPÉTUEL, LE MAL SATANIQUE SERAIT ÉCRASÉ DANS NOTRE PAYS ET DANS LE MONDE ENTIER.

Venez vous joindre à la Croisade du Rosaire perpétuel. Engagez-vous à prier UNE HEURE PAR SEMAINE. Durant cette heure hebdomadaire, vous priez les 15 dizaines du Rosaire.

Si vous désirez faire ce sacrifice, vous pouvez prendre cet engagement en privé ou me faire parvenir votre nom, votre adresse, le jour de la semaine et l'heure que vous avez choisi.

Rév. Albert J.M. Shamon, ptre
P.O. Box 735
Auburn, NY 13021

---

[*] et dans tout autre pays.

«Récitez le Rosaire à chaque jour pour obtenir la paix dans le monde» (Notre-Dame du Rosaire à Fatima en 1917).

«Je désire que le saint Rosaire soit récité souvent ... afin d'obtenir la grâce et la miséricorde pour tous» (la Vierge Marie au Père Stefano Gobbi, 10 juin 1987).

La prière n'a nulle épée, nul sabre
nulle baïonnette puissante.
Elle ne menace pas d'écraser ses voisins
sous son talon.
Et pourtant, lorsque tout échoue,
la prière demeure.

APPENDICE 2

Les 15 mystères du Rosaire

Les cinq mystères joyeux

1. L'Annonciation
2. La Visitation
3. La Naissance de Jésus
4. La Présentation
5. Le Recouvrement de l'enfant Jésus au Temple

Les cinq mystères douloureux

1. L'Agonie au Jardin des Oliviers
2. La Flagellation de Jésus
3. Le Couronnement d'épines
4. Le Portement de la croix
5. Le Crucifiement

Les cinq mystères glorieux

1. La Résurrection
2. L'Ascension
3. La Descente du Saint-Esprit
4. L'Assomption de Marie au Ciel
5. Le Couronnement de Marie
   Reine du ciel

Ces mystères sont priés les jours suivants:

Lundi – les mystères joyeux

Mardi – les mystères douloureux

Mercredi – les mystères glorieux

Jeudi – les mystères joyeux

Vendredi – les mystères douloureux

Samedi – les mystères glorieux

Dimanche – les mystères glorieux
(pour l'Avent, on prie les mystères joyeux; pour le temps du carême, les mystères douloureux).

Comment prier
le Rosaire

(voir illustration à la page suivante)

1. Je crois en Dieu
2. Notre Père
3. Trois "Je vous salue, Marie"
4. Gloire soit au Père
5. Annoncer le premier mystère;
    ensuite, Notre Père
6. Dix "Je vous salue, Marie" (en médi-
    tant sur le mystère annoncé)
7. Gloire soit au Père

PRIÈRE DE FATIMA
(optionnelle)

Ô mon Jésus, pardonnez-nous nos péchés, préservez-nous du feu de l'enfer et conduisez au Ciel toutes les âmes, spécialement celles qui ont le plus besoin de votre miséricorde.

8. Annoncer le deuxième mystère et
    répéter les 5, 6, 7 pour les troisième,
    quatrième et cinquième mystères.

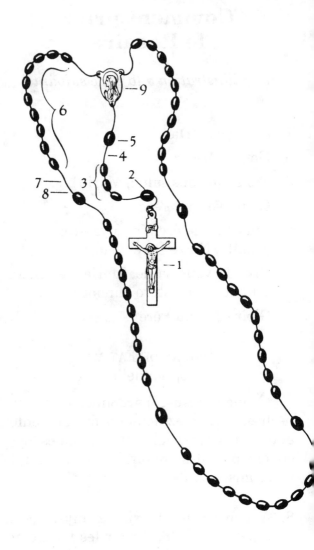

9. Prières de conclusion[*]

Salut ô Reine, Mère de Miséricorde, notre vie, notre douceur, notre espérance, salut! Enfants d'Ève, malheureux exilés, nous crions vers vous, nous soupirons vers vous, gémissant et pleurant dans cette vallée de larmes. Ô notre Avocate, tournez donc vers nous vos regards miséricordieux. Et, au sortir de cet exil, montrez-nous Jésus, le fruit béni de vos entrailles. Ô clémente, ô charitable, ô douce Vierge Marie!

V. Priez pour nous, Sainte Mère de Dieu.

R. Afin que nous devenions dignes des promesses de Jésus-Christ.

PRIONS: Ô Dieu, dont le Fils unique bien-aimé, par Sa vie, Sa mort, et Sa résurrection, a mérité pour nous les récompenses de la vie éternelle, faites, nous vous en supplions que, méditant ces mystères du rosaire de la Bienheureuse Vierge Marie, nous puissions imiter ce qu'ils contiennent et obtenir ce qu'ils promettent par le même Jésus-Christ Notre-Seigneur. Amen.

---

[*] Ces prières sont une conclusion appropriée, mais ne sont pas une partie essentielle du Rosaire.

Je crois en Dieu,

le Père tout-puissant, créateur du ciel et de la terre. Et en Jésus-Christ, son Fils unique, notre Seigneur, qui a été conçu du Saint-Esprit, est né de la Vierge Marie, a souffert sous Ponce Pilate, a été crucifié, est mort et a été enseveli, est descendu aux enfers, le troisième jour est ressuscité des morts, est monté aux cieux, est assis à la droite de Dieu le Père tout-puissant, d'où il viendra juger les vivants et les morts. Je crois au Saint-Esprit, à la sainte Église catholique, à la communion des saints, à la rémission des péchés, à la résurrection de la chair, à la vie éternelle. Amen.

Notre Père,

qui es aux cieux, que ton nom soit sanctifié, que ton règne vienne, que ta volonté soit faite sur la terre comme au ciel. Donne-nous aujourd'hui notre pain de ce jour. Pardonne-nous nos offenses comme nous pardonnons aussi à ceux qui nous ont offensés. Et ne nous soumets pas à la tentation, mais délivre-nous du mal.

JE VOUS SALUE, MARIE,

pleine de grâce, le Seigneur est avec vous,
Vous êtes bénie entre toutes les femmes
et Jésus, le fruit de vos entrailles, est
béni.

— SAINTE MARIE,

Mère de Dieu, priez pour nous, pauvres
pécheurs, maintenant et à l'heure de
notre mort. Amen.

GLOIRE

soit au Père, et au Fils, et au Saint-
Esprit, ô Dieu qui est, qui était et qui
vient pour les siècles des siècles. Amen.

Autres ouvrages suggérés

Priez avec le cœur

PAR FRA SLAVKO BARBARIC
COLLECTION "MESSAGE DE PAIX"

À tous ceux qui désirent se rapprocher de Dieu, l'ouvrage spirituel de Fra Slavko Barbaric, *Priez avec le cœur*, vous apprendra la façon la plus simple de prier, d'aimer Dieu et d'aimer son prochain.

Ce recueil de prières vous invite à découvrir toutes les beautés de la spiritualité chrétienne et à grandir en vivant l'Évangile de Jésus-Christ.

Priez avec le cœur gratifie de richesses véritables le lecteur attentif et lui fait découvrir un des meilleurs livres de prière.

ÉDITIONS SCIENCES ET CULTURE
FORMAT 10,5 CM X 18 CM, 256 PAGES
ISBN 2-89092-188-3
ÉDITION 1995

CÉLÉBREZ LA MESSE
AVEC LE CŒUR

PAR FRA SLAVKO BARBARIC
COLLECTION "MESSAGE DE PAIX"

Cet ouvrage nous interpelle par le mystère même de la liturgie chrétienne et nous introduit à la sainte messe, le don le plus précieux offert à l'être humain.

Cet ouvrage contient des prières de circonstances, des invocations tirées des saintes Écritures, des messages appropriés de la Vierge, des réflexions stimulantes et des implorations de saint François d'Assise.

Célébrez la messe avec le cœur sèmera certainement dans beaucoup d'âmes le bon grain qui produira des fruits spirituels en abondance.

ÉDITIONS SCIENCES ET CULTURE
FORMAT 10,5 CM X 18 CM, 192 PAGES
ISBN 2-89092-150-6
ÉDITION 1994

MESSAGES MEDJUGORJE

PAR MARIA PAVLOVIC
COLLECTION "MESSAGE DE PAIX"

Ce livre est fait à partir des messages de Marie Reine de la Paix qu'elle a adressés à la paroisse de Medjugorje.

On y apprend à patienter, à s'oublier, à pardonner, à prier, à remercier, à partager, à écouter plus attentivement la parole de vie et surtout à aimer davantage Jésus, Marie et son prochain.

À travers ces messages, tout se manifeste d'une manière extraordinaire dans le respect de la liberté de chacun et dans l'expression de l'amour infini de Dieu pour l'Humanité.

ÉDITIONS SCIENCES ET CULTURE
FORMAT 10,5 CM X 18 CM, 128 PAGES
ISBN 2-89092-138-7
ÉDITION 1994

Donne-moi ton cœur blessé

par Fra Slavko Barbaric
Collection "Message de Paix"

La confession est l'occasion de faire appel à l'amour et à la miséricorde: nous n'avons pas raison de la craindre même quand il y a des lacunes dans notre façon de l'approcher. C'est le travail extraordinaire de la grâce qui comble notre âme de joie, car Dieu nous donne la possibilité de recommencer en nous ouvrant le chemin de la paix et de la réconciliation.

Le point de départ du christianisme n'est pas le malade et le péché, mais la santé et la sainteté. Le christianisme n'a pas besoin du pécheur pour remplir sa mission, mais de l'homme capable de grandir dans l'amour et de développer toutes ses valeurs positives.

Éditions Sciences et Culture
Format 10,5 cm x 18 cm, 192 pages
ISBN 2-9801492-2-5
Édition 1991